Anglers Kochbuch

Schnelle Fischgerichte

JAHR
TOP SPECIAL
VERLAG

Impressum:

Herausgeber: Jahr Top Special Verlag GmbH
Jessenstraße 1
22767 Hamburg

Bestellung über:
Vertrieb: V.V.A. Vereinigte-Verlags-Auslieferung
An der Autobahn
33310 Gütersloh

Konzeption und Gestaltung:
MAP Kartographie GmbH, Rainer Lauer

Rezepte:
Settimo De Francesco, Rainer Lauer

gekocht von: Brigitte Holl, Gisela Friedrich

fotografiert von: Manfred Holl

Satz und Technik: Thoholl, Thomas Holl

Vorwort

Mit diesem Fischkochbuch möchten wir
Sie zu einem kulinarischen Streifzug
durch Deutschland einladen. Das Thema
dieses Buches ist die deutsche
Fischküche in den schönsten Regionen,
die wir nach den Fischarten in alphabeti-
scher Reihenfolge sortiert haben.
Die Rezepte, die wir Ihnen vorstellen,
haben eine enge Verbindung zu diesen
Landschaften und den Fischen aus
Flüssen, Seen und Meeren.
Wir wünschen Ihnen viel Spaß beim
Nachkochen und einen guten Appetit.

Rainer Lauer
Autor

Unsere Getränkeempfehlung:

Zum Aal mit Dillsauce empfehlen wir einen
1996-er Erlenbacher Krähenschnabel.
In Unterfranken wachsen auf Verwitterungs-
böden des Bundsandsteins volle Weiß- und
Rotweine. Die Weine sind hier fruchtig und
kernig.

Ein Rezept von den Havelseen

Aal
mit Dillsauce

Zubereitung:

Den küchenfertigen Aal in 5-6 Zentimeter lange Stücke schneiden, gründlich waschen und mit Küchenkrepp trockentupfen. Einen Topf mit etwa 1/2 Liter Wasser, einem Esslöffel Salz und Essig zum Kochen bringen. Eine Zwiebel mit den Nelken spicken und mit dem Lorbeerblatt in das kochende Wasser geben. Dann gibt man die Aalstücke hinzu und lässt sie bei schwacher Hitze etwa 20 Minuten garen.

Dillsauce:
Zwei Schalotten schälen und fein würfeln. In einem kleinen Topf zerlässt man die Butter bei mäßiger Hitze und dünstet die Schalottenwürfel glasig. Den Weißwein und die Sahne in den Topf geben und die Sauce cremig einkochen. Den Dill klein zupfen, in die Sauce geben und die Crème fraîche darunter rühren. Mit Salz und Pfeffer wird abgeschmeckt.

Den Aal auf den Tellern anrichten und mit der Sauce übergießen.

Beilage:
Petersilienkartoffeln und Gurkensalat

Zutaten:
(für 4 Personen)
Man nehme:

1 kg	Aal
1 El	Salz
1/8 l	Essig
1	Zwiebel
1	Lorbeerblatt
2	Nelken

Dillsauce:

2	Schalotten
100g	Butter
0,1 l	trockener Weißwein
0,3 l	Schlagsahne
1	Bund Dill
2 El	Crème fraîche
	Pfeffer und Salz

Unsere Getränkeempfehlung:

Wir empfehlen zu diesem deftigen Gericht einen 1997-er Deidesheimer Mäushöhle Riesling Kabinett trocken.

Es passt aber auch ein frisches Pils.

Ein Rezept von der Insel Rügen

Aalsuppe
Rügener Art

Zubereitung:

Man gibt in einen Liter leicht gesalzenes Wasser die Aal-gräten und lässt diese 30 Min. köcheln. Dann gibt man die Gewürze in die Brühe und lässt alles weitere 5 Minuten köcheln. Der Speck wird in Würfel geschnitten, Zwiebeln und Gemüse schneidet man in feine Streifen. In einem Topf lässt man nun die Speckwürfel in 80 g Butter langsam aus, gibt die Gemüsestreifen hinzu und schwitzt sie einige Minuten lang glasig an. Das Mehl wird darü-ber gestäubt und mit der durch ein Sieb gegossenen Gräten-brühe abgelöscht. Bei schwa-cher Hitze soll nun die Suppe 15 Minuten köcheln, bevor die klein geschnittenen Aalstücke für 10 Minuten in der Suppe gar ziehen. Nun wird die Suppe mit ein wenig Zitronensaft, Weiß-wein, weißem Pfeffer und einer Prise Salz abgeschmeckt.

Beilage:
Geröstetes Weißbrot (Croûtons), ein Esslöffel saure Sahne und fri-sche Kräuter

Zutaten:
(für 4 Personen)
Man nehme:

400g	Aal, filetiert
60g	mageren Speck
100g	Zwiebeln
80g	Mohrrüben
60g	Sellerieknolle
60g	Lauch
80g	Butter
60g	Mehl
4	Scheiben Weißbrot
4 El	saure Sahne
2 El	Kräuter (Dill, Petersilie, Kerbel, Sellerieblätter)
2	Gewürznelken
2	Lorbeerblätter
2	Pimentkörner
	Zitronensaft
	Weißwein
	Pfeffer und Salz

Unsere Getränkeempfehlung:

Zur Aalsuppe mit Schwemmklößchen empfehlen
wir einen Württemberger Riesling Kabinett.
Die verschiedenen Bodensorten prägen den
Charakter der deutschen Weine. In Württemberg
wachsen die Reben meist auf Kalkböden, was
dem Wein einen kräftigen Geschmack gibt.

Ein Rezept aus Hamburg

Aalsuppe mit Schwemmklößchen

Zubereitung:

Die Aalstücke nach dem Säubern in einem Sud aus Wasser, Essig, Kräutern, Gewürzen und Salz gar ziehen lassen. Aal und die Marinade später in die fertige Suppe geben.

Den Schinkenknochen etwa 90 Minuten in gut 2 l Wasser kochen. Das Gemüse und später die Backpflaumen und die Birnen dazugeben und garen. Knochen herausnehmen, Fleisch ablösen und fein schneiden. Brühe mit heller Einbrenne binden. Die Schwemmklößchen in der Suppe garen, das fein geschnittene Fleisch und die Aalstücke kurz durchziehen lassen, süß-sauer mit Salz, Zucker und etwas Weißwein abschmecken.

Schwemmklößchen:

Milch, Salz und Butter in einem Topf aufkochen, Mehl dazu geben und so lange rühren, bis sich ein glatter Kloß bildet.

Nacheinander Eier und Muskat einrühren. Vom Kloß mit feuchtem Teelöffel Klößchen abstechen und in der Brühe garen.

Zutaten:

(für 4 Personen)
Man nehme:

1 kg	gehäutete Aalstücke
1	Schinkenknochen
250g	Sellerie, Kohlrabi, Erbsen, Mohrrüben,
125g	eingeweichte Backpflaumen
375g	kleine Kochbirnen
40g	Butter
40g	Mehl
je 1 EL	Basilikum, Estragon, Salbei, Majoran, Thymian, Petersilie

Schwemmklößchen:

1/8 l	Milch
30g	Butter
65g	Mehl
2	Eier
	Muskat

Unsere Getränkeempfehlung:

Zur Äsche mit Grilltomaten empfehlen wir einen halbtrockenen 1997-er Riesling Kiedricher Sandgrub.
Würze, Eleganz und fruchtige Säure machen den Riesling aus dem Rheingau zu einem der edelsten Spitzenweißweine.

Ein Rezept aus dem Erzgebirge

Äsche
mit Grilltomaten

Zubereitung:

Die küchenfertigen Äschen werden gewaschen und trockengetupft. Dann salzen, von innen leicht pfeffern und mit Zitronensaft beträufeln. Die Äschen mit Mehl bestäuben und in der Pfanne von beiden Seiten etwa 8 Minuten in Butter goldbraun ausbraten.

Grilltomaten:

Das obere Drittel der Tomaten abschneiden mit Olivenöl bestreichen, salzen, mit Pfeffer und Knoblauchpulver bestreuen. Im vorgeheizten Grill 3 Minuten garen, danach mit Petersilie anrichten.

Beilage:

Kartoffelsalat

Tipp:

Als vorzügliche Beilage kann man auch Salzkartoffeln mit Meerrettichsahne reichen.

Zutaten:

(für 4 Personen)

Man nehme:

4	Äschen
2 El	Zitronensaft
50-70g	Mehl
60g	Butter

Grilltomaten:

8	kleine Tomaten
	Salz
	weißer Pfeffer
	Petersilie
	Olivenöl
	Knoblauchpulver

Unsere Getränkeempfehlung:

Zu diesem leichten Gericht empfehlen wir einen
1997-er Kiedricher Sandgrub Riesling halbtrocken.
Qualitätsweine der Spitzenklasse schmecken
am besten, wenn die Flasche vor dem Öffnen
einige Tage ruhig gelagert wurde. Die Tempe-
ratur sollte zwischen 8 -12° Celsius betragen.

Ein Rezept aus dem Allgäu

Bachforelle
in Kressesauce

Zubereitung:

Die Forellenfilets werden in Mehl, Ei und Semmelbrösel gewendet. In reichlich Butter von beiden Seiten goldbraun braten und warm stellen.

Für die Sauce nimmt man die gewaschene Kresse, die Basilikumblätter, die geschälte Knoblauchzehe, die Kapern und hackt alles sehr fein.

Die Semmelbrösel mit Salz und dem Weinessig verrühren und mit den feingehackten Zutaten vermischen.

Nach und nach das Olivenöl hinzurühren, es soll eine halbfeste Sauce entstehen. Am Schluss mit dem schwarzen Pfeffer aus der Mühle vermischen und abschmecken. Zum Servieren gießt man die Sauce auf die auf einem vorgewärmten Teller angerichteten Forellenfilets und garniert diese noch mit Kresseblättchen.

Beilage:
Salzkartoffeln und frischer Salat
Tipp:
Als Salat passt auch ein Gurkensalat mit Sahne.

Zutaten:
(für 4 Personen)
Man nehme:

8	Forellenfilets
50g	Mehl
80g	Butter
1	Ei
	Pfeffer und Salz
	Semmelbrösel

Sauce:

	Kresse (möglichst Brunnenkresse)
	Basilikumblätter
1	Knoblauchzehe
2 EL	Kapern
	Semmelbrösel
	Salz
	schwarzer Pfeffer
1 EL	Weinessig
1/2 l	Olivenöl (extra virgine)

Unsere Getränkeempfehlung:

Zum gebratenen Barschfilet empfehlen wir einen 1991-er Klingenmünsterer Portugieser Weißherbst.

Die Portugieserrebe mit tiefblauen Beeren stellt an Lage und Boden nur geringe Ansprüche. Sie liefert süffige, milde Weine, die, wenn sie jung getrunken werden, am besten schmecken.

Ein Rezept von den Mecklenburgischen Seen

Barschfilet gebraten

Zubereitung:

Die Barschfilets werden unter fliesendem kaltem Wasser gewaschen und anschließend gut trockengetupft. Mit Zitronensaft, Salz und schwarzem Pfeffer würzen. In Ei und Semmelbrösel wenden und in der vorgeheizten Pfanne von beiden Seiten je 5 Minuten goldbraun ausbacken.
Mit Petersilie und dünnen Zitronenscheiben auf einer vorgewärmten Platte anrichten.

Beilage:
Hausgemachter Kartoffelsalat

Tipp:
Sehr gut zu diesem Gericht schmecken auch krosse Bratkartoffeln mit Speck und Remouladensoße. Die Bratkartoffeln sollte man vor dem Braten mit Mehl bestäuben.

Zutaten:

(für 4 Personen)

Man nehme:

800g	Barschfilets
2 El	Zitronensaft
	Semmelbrösel
60g	Butter
3 El	Sonnenblumenöl
1	Ei
1	Zitrone
	Salz
	schwarzer Pfeffer aus der Mühle
1	Bund glatte Petersilie

Unsere Getränkeempfehlung:

Zum Dorschfilet in Senfbuttersauce empfehlen
wir einen trockenen Silvaner, einen 1998-er
Ihringer.
Die Silvaner Rebsorte zählt neben dem Riesling
zu den klassischen deutschen Rebsorten. Sie
hat mittelgroße Trauben, die sehr saftreich sind
und sehr milde und mundige Weine liefern.

Ein Rezept aus Schleswig

Dorschfilet in Senfbuttersauce

Zubereitung:

Die Filets werden mit Zitronensaft beträufelt, gesalzen und
müssen eine halbe Stunde im
Kühlschrank ziehen.

Man erhitzt einen Liter Wasser
mit einer kräftigen Prise Salz,
dem Weißwein sowie zwei
Esslöffel Butter und rührt alles
zu einer Sauce.

Die Dorschfilets werden nun für
10 Minuten auf kleiner Flamme
in der Sauce gedünstet.

Die Filets werden dann aus der
Sauce herausgenommen und
warm gestellt. Man passiert die
Sauce durch ein Sieb, rührt die
möglichst eiskalte Butter, die
Sahne, Crème fraîche und den
Senf hinein.

Mit dem Schneebesen schlägt
man alles noch einmal schön
auf und schmeckt mit Salz je
nach Bedarf ab.

Beilage:

Schmorgurken mit Zwiebeln und
Dill sowie kleine in Butter
geschwenkte Kartoffeln

Zutaten:

(für 4 Personen)

Man nehme:

4	Dorschfilet à 200g
0,1 l	trockener Weißwein
100g	Butter
50 ml	Sahne
1 El	Crème fraîche
1 El	Senf
1/2	Zitrone
	Salz

Unsere Getränkeempfehlung:

Zum Seefisch pikant empfehlen wir einen
1996-er Rüdesheimer Bischhofsberg Riesling.
Das ist ein Riesling von den Ufern des Rheins.
Dort wächst auf steinigen, gut durchlüfteten
Böden, an steilen, mit Mauern gestützten
Hängen, ein hochwertiger Wein.

Ein Rezept aus der Region Darß - Zingst - Fischland

Dorschfilet pikant

Zubereitung:

Eine feuerfeste Form mit Butter ausfetten, die Fischfilets mit Zitronensaft beträufeln und mit dem scharfen Senf einstreichen. Dann pfeffern, salzen und in die feuerfeste Form geben. Neben und zwischen die Filets die fein gehackten Zwiebeln verteilen und mit dem Sekt und Wermut angießen. Tomaten enthäuten, entkernen und in feine Streifen schneiden, dann gleichmäßig auf dem Dorsch verteilen.
Die Kräuter mit den Semmelbröseln vermischen und über die Tomaten streuen. Ein paar Butterflocken zum Schluss auf die gefüllte Form setzen.
Im Backofen bei ca. 220 Grad etwa 20 Minuten garen.

Sauce:
Die entstandene Flüssigkeit in einen Topf gießen und durch Köcheln reduzieren. Mit Sahne, Zitronensaft, Pfeffer und Salz verfeinern und noch einmal auf-kochen. Zum Schluss die eiskalte Butter einrühren und die Filets damit überziehen.

Beilage:
Salzkartoffeln und Blattspinat

Zutaten:
(für 4 Personen)
Man nehme:

4	Dorschfilets
30g	Butter
4	Tomaten
2	Zwiebeln
	Semmelbrösel
2	Gläser trockener Sekt
1	Glas trockener Wermut
je 1/2 Tl	Thymian, Estragon
1 Tl	Petersilie
1	Zitrone
2 El	scharfer Senf
	Pfeffer und Salz

Sauce:

40g	Butter
1/8 l	Sahne
	Saft einer 1/2 Zitrone
	Pfeffer und Salz

Unsere Getränkeempfehlung:

Zu dieser wundervollen Spezialität vom Bodensee empfehlen wir einen Kirchhofener Batzen-
berg Gutedel.
In Deutschland findet man die Gutedeltraube
fast nur in Baden, im Bereich des Markgräfler
Landes. Die Weine sind leicht bekömmlich und
mild.

Ein Rezept vom Bodensee

Felchen Konstanzer Art

Zubereitung:

Die überbrühten Tomaten werden gehäutet und mit der Zwiebel in kleine Würfel geschnitten. Die Tomaten und Zwiebel werden in einem Topf in einem Esslöffel Öl angedünstet, bis sie Wasser ziehen, dann ca. 15 Minuten köcheln lassen. Mit Pfeffer und Salz abschmecken und warm stellen.

Die Felchenfilets werden in Mehl gewendet und in einer großen Pfanne mit 50g Butter und 2 Esslöffel Öl bei mittlerer Hitze auf beiden Seiten goldgelb gebraten und ebenfalls warm gestellt.

Nun die Champignons putzen und in dicke Scheiben schneiden. Anschließend in der restlichen Butter dünsten, bis sie gar sind (ca. 10 Minuten), dann mit Pfeffer und Salz abschmecken. Auf den vorgewärmten Tellern richtet man zunächst die Tomaten-Zwiebel-Mischung an, legt die Felchenfilets auf die Mischung und gibt je ein Viertel der angedünsteten Champignons hinzu.

Beilage:
Salzkartoffel und gemischter Salat, zur Dekoration etwas Petersilie

Zutaten:

(für 4 Personen)

Man nehme:

8	Felchenfilets
300g	Tomaten
1	kleine Zwiebel
	Olivenöl
	Pfeffer und Salz
80g	Butter
100g	Mehl
200g	frische Champignons

Unsere Getränkeempfehlung:

Zur Forelle blau empfehlen wir einen halbtrockenen Riesling Heppenheimer Eckweg.
Zwischen Zwingenberg und Heppenheim
erstreckt sich eines der kleinsten deutschen
Weinanbaugebiete. Die Weinlagen haben beste
Sonneneinstrahlung und deshalb ihren unver-
wechselbaren feinen, duftigen Geschmack.

Ein Rezept aus dem Harz

Forelle blau

Zubereitung:

Die Forellen werden ausgenommen, nur innen gewaschen und zur Rundung gebunden. Dafür einen Küchenfaden durch den Unterkiefer und das Schwanzende ziehen und verknoten. Man setzt sie vorsichtig in einen Sud aus Wasser, einer Prise Salz, Essig, einem halben Lorbeerblatt, 3 Pfefferkörner und ein wenig Petersilie.

Ganz nach Geschmack können noch in Scheiben geschnittene Zwiebel oder Karotte dazu gegeben werden. Man zieht den Topf sofort vom Feuer und lässt die Forellen leise köchelnd gar werden. Der Sud darf nicht kochen und wird notfalls abgeschreckt. Sobald die Augen der Forelle hervortreten, die Bauchlappen sich etwas nach außen biegen und die Bauchflosse sich leicht lösen lässt, ist der Fisch fertig. Man hebt die Forellen sorgfältig aus dem Kochwasser, tropft sie gut ab und legt sie auf eine vorgewärmte Platte und garniert mit Petersilie oder Kresse und Zitrone.

Beilage:
Petersilienkartoffeln, Kopfsalat

Zutaten:

(für 4 Personen)

Man nehme:

4	Forellen
	Salz
1	Tasse Essig
1 l	Wasser
1/2	Lorbeerblatt
3	Pfefferkörner
	Petersilie (glatte)
1	Zitrone
2	Zwiebeln
1	Karotte

Unsere Getränkeempfehlung:

Zu dieser Spezialität aus dem Bayerischen Wald
empfehlen wir einen Rheingauer - Riesling
trocken.
Dieser Riesling kommt aus Oestrich-Winkel im
Rheingau aus der Einzellage Schloss Vollrads.

Ein Rezept aus dem Bayerischen Wald

Forelle gefüllt

Zubereitung:

Als Erstes wird die Pilzfüllung vorbereitet. Dafür gibt man etwas Butter und das Olivenöl in eine Pfanne. Bei mittlerer Hitze lässt man zuerst die klein gehackten Zwiebelstücke glasig werden, gibt dann die geputzten Pfifferlinge (möglichst kleine) dazu und brät diese ca. 10 Minuten an. Abgeschmeckt wird mit schwarzem Pfeffer und Salz. Zum Schluss noch die frisch gehackten Kräuter (Petersilie, Dill, Schnittlauch) zu der Füllung geben.
Die Forellen ausnehmen und unter fließendem Wasser gründlich waschen. Mit einem Küchentuch gut trockentupfen. Die Fische von außen und innen gut mit Pfeffer, Salz und Zitronensaft würzen. Nun gibt man die Pilzfüllung in die Forellen und steckt die Öffnung gut zu. Die Fische nun reichlich mehlen und in genügend Olivenöl goldbraun von beiden Seiten, je nach Dicke der Forellen, bei mittlerer Hitze, ca. 5-6 Minuten braten.

Beilage:
Schwenkkartofffeln mit grünem Salat

Tipp:
Als vorzügliche Beilage empfehlen wir auch Röstkartoffeln.

Zutaten:

(für 4 Personen)

Man nehme:

4	Forellen à 250g
	Olivenöl
	Saft einer Zitrone
1	Bund Dill
1	Bund Petersilie
1	Bund Schnittlauch
1	Zwiebel
200g	Pfifferlinge
	Mehl

Unsere Getränkeempfehlung:

Zu dieser hauptsächlich im Schwarzwald und im Elsass bekannten Spezialität empfehlen wir einen weißen Burgunder aus Baden.
Dieser Wein kommt aus der Gegend um den Kaiserstuhl. Er hat eine samtige, charaktervolle Art. Dies kommt hauptsächlich vom vulkanischen Boden der Region.

Ein Rezept aus dem Schwarzwald

Forelle
mit Mandeln

Zubereitung:

Die frischen Forellen ausnehmen, unter fließendem Wasser gründlich abspülen und mit einem Küchentuch trockentupfen. Innen und außen mit Zitronensaft beträufeln, pfeffern und salzen. Die in Mehl gewendeten Forellen nun in der zerlassenen Butter bei mittlerer Hitze auf beiden Seiten goldbraun braten. In einer kleineren Pfanne die Mandelblättchen in Butter goldgelb anrösten.
Die Forellen in den gerösteten Mandeln wenden und auf einer vorgewärmten Platte servieren. Die geschmolzene Butter über die Fische geben und die restlichen Mandelblättchen darüber verteilen.

Beilage:
Petersilienkartoffel und einen Salat der Saison

Tipp:
Besonders aromatische Mandeln kommen aus Spanien.

Zutaten:
(für 4 Personen)
Man nehme:

4	Forellen à 300g
	Saft einer 1/2 Zitrone
	Pfeffer und Salz
150g	Butter
100g	blättrige Mandeln
1	Zitrone
1	Bund Petersilie

Unsere Getränkeempfehlung:

Zur Forelle nach Art der Müllerin passt am besten ein leichter Weißwein.
Dieser Wein aus Rheinhessen ist von einer Neuzüchtung der Rebsorte Bacchus.
Diese Weine werden der Müller-Thurgau-Gruppe zugerechnet und sind leicht und blumig.

Ein Rezept aus der Lüneburger Heide

Forelle
nach Art der Müllerin

Zubereitung:

Die frischen kleinen Forellen ausnehmen und sorgfältig waschen, anschließend gut trockentupfen. Die nun küchenfertigen Forellen beträufelt man von innen mit Zitronensaft und würzt sie reichlich mit Salz und schwarzem Pfeffer. Dann wendet man die Forellen in Ei und Semmelbrösel und lässt sie in dem Olivenöl in der gut vorgeheizten Pfanne auf beiden Seiten je 5 Minuten goldbraun braten.

Mit Petersilie oder Kresse und dünnen Zitronenscheiben richtet man alles auf einer vorgewärmten Platte schön appetitlich an.

Beilage:

Mit Butter überzogene Salzkartoffeln und gemischter Salat

Tipp:

Als Beilage empfiehlt sich auch frisches zartes Gemüse, je nach Saison.

Zutaten:

(für 4 Personen)

Man nehme:

4	Forellen etwa à 300g
	Semmelbrösel
60g	Butter
3 El	Zitronensaft
3 El	Olivenöl
1	Ei
1	Zitrone
	Petersilie oder Kresse
	Salz
	Pfeffer aus der Mühle

Unsere Getränkeempfehlung:

Zur Taunusforelle in Rieslingsauce empfehlen wir
einen 1998-er Steinberger Riesling trocken.
„Hier am Rhein geht die Sonne nicht unter",
heißt es in einem der vielen Lieder vom Rhein.
Tatsache ist, dass der Rhein die Sonneneinstrahlung deutlich verstärkt und die Reben
davon profitieren.

Ein Rezept aus dem Rheingau

Forelle in Rieslingsauce

Zubereitung:

Die küchenfertigen Forellen mit Salz gut einreiben und mit warmer Butter bestreichen. Dann legt man sie in eine feuerfeste Form. Die Zwiebeln grob schneiden und mit den Lorbeerblättern zwischen die Fische legen. Mit etwas Wasser und Riesling angießen. Im vorgeheizten Backofen bei 200 Grad ca. 25-30 Minuten dünsten. Bei Bedarf noch etwas Weißwein dazugeben.

Sauce:

Den Fischfond auf die Hälfte einkochen. Die fein gehackten Schalotten, die Pfefferkörner und 0,2 l Riesling hinzufügen und noch einmal auf die Hälfte reduzieren. Anschließend durch ein Sieb streichen. Nun die Sahne dazugießen und sämig werden lassen, den restlichen Riesling dazugeben. Die kalte Butter in kleine Stücke schneiden und mit einem Schneebesen unter die Sauce heben.

Das Ganze zum Schluss mit Salz und Pfeffer abschmecken.

Beilage:
Bandnudeln und einen Salat der Saison

Zutaten:

(für 4 Personen)

Man nehme:

4	Forellen à 250-3oog
2	Zwiebeln
50 g	Butter
2	Lorbeerblätter
1/8 l	Riesling

Sauce:

1/4 l	Fischfond
1	Schalotte
12	Pfefferkörner
1/4 l	Riesling
200g	Sahne
50g	Butter

Unsere Getränkeempfehlung:

Zum Hecht in Spreewälder Sauce ein frisches
Pils, am besten eines aus der Region.

Ein Rezept aus dem Spreewald

Hecht
in Spreewälder Sauce

Zubereitung:

Die Hechtstücke pfeffern und salzen und eine Stunde kühl stellen. Danach die Stücke in einem Kochtopf mit kaltem Wasser übergießen, bis sie vollständig bedeckt sind. Nun bringt man das Wasser zum Kochen. In der Zwischenzeit schneidet man die Zwiebeln in Ringe, die Petersilienwurzeln und die Mohrrüben in kleine Streifen. Wenn das Wasser mit den Hechtstücken zu kochen beginnt, schöpft man den Schaum ab, gibt die Zwiebeln, Petersilienwurzeln, Mohrrüben und die Lorbeerblätter dazu. Bei schwacher Hitze noch 15 Minuten ziehen lassen. Die Hechtstücke auf einer vorgewärmten Platte anrichten und den Dill darüber streuen.

Spreewälder Sauce:
In einer Schüssel wird das Eigelb, der Zucker mit dem Öl schaumig gerührt. In diese Masse gibt man den geriebenen Meerrettich und verrührt alles sorgfältig. Mit Zitronensaft und etwas Salz abschmecken.

Beilage:
Salzkartoffeln

Zutaten:
(für 4 Personen)
Man nehme:

1	Hecht
	Pfeffer und Salz
2	Zwiebeln
2	Petersilienwurzeln
2	Mohrrüben
2	Lorbeerblätter
je 1	Bund Petersilie, Dill

Spreewälder Sauce:

6	Eigelb
2 El	Zucker
2 El	Sonnenblumenöl
350g	geriebener Meerrettich
	Zitronensaft
	Salz

Unsere Getränkeempfehlung:

Zum Hecht mit Tomatensauce empfehlen wir
einen 1998-er Riesling Ungsteiner Kobnert
trocken.

Dieser rassige, fruchtige und feinblumige Wein
kommt von der Deutschen Weinstraße.

Ein Rezept aus dem Chiemgau

Hecht mit Tomatensauce

Zubereitung:

Von einem schönen Hecht schneidet man vier zweifingerbreite Scheiben ab, beträufelt sie mit Zitronensaft und streut etwas Salz und Fondor darüber. Die Scheiben werden hauchdünn mit Mehl gepudert und in der Pfanne mit reichlich Butter auf beiden Seiten gar gebraten. Zuerst schmort man die Zwiebelringe, dann die geschälten und gewürfelten Tomaten in etwas Olivenöl rasch durch und schmeckt sie mit Salz, Paprika, Curry und einer Prise Zucker sowie dem Sherry und Wein ab. Auf einer vorgewärmten Platte serviert man die goldbraunen Hechtschnitten mit den kurz angeschmorten Zwiebelringen und Tomaten.

Beilage:

Kartoffelln, in Butter geschwenkt und Petersilie

Zutaten:

(für 4 Personen)

Man nehme:

1	großer Hecht
1/2	Zitrone
	Salz
	Fondor
150g	Butter
50g	Mehl

Sauce:

8	Tomaten
3 EL	Olivenöl
	Salz
	Paprikapulver
	Curry
1 TL	Zucker
2	kleine Zwiebeln
2 cl	Sherry

Unsere Getränkeempfehlung:

Zum Hecht mit Wurzelgemüse schmeckt am besten ein trockener Riesling.

Hauptanbaugebiet der Rieslingtraube sind der Rheingau, Mosel-Saar-Ruwer, Mittelrhein, Württemberg, Nahe, Hessische Bergstraße und die Rheinpfalz.

Ein Rezept aus der Holsteinischen Schweiz

Hecht
mit Wurzelgemüse

Zubereitung:

Den Weißwein und Essig in dem Wasser zum Kochen bringen, die Zwiebel mit dem Lorbeerblatt und den Gewürznelken spicken. Das Gemüse putzen und in feine Streifen schneiden. Die gespickte Zwiebel mit den Gemüsestreifen in die kochende Flüssigkeit geben und 10 Min. mitkochen. Dann den Topf an den Herdrand ziehen und den Hecht hineingeben. Bei schwacher Hitze ca. 18 bis 20 Min. garziehen lassen. Den Fisch zerlegen und auf den vorgewärmten Tellern anrichten. Die Gemüsestreifen mit einem Schaumlöffel herausnehmen, fein hacken und mit dem Fisch servieren. Den übrigen Fisch-Wurzelsud durch ein Sieb passieren und eventuell mit Salz und ein paar Spritzern Worcestersauce abschmecken, die Sahne unterrühren.
Auf einem vorgewärmten Teller richtet man den Hecht mit dem Wurzelgemüse und den kleinen Pellkartoffeln an.

Tipp:
Besonders aromatisch wird das Wurzelgemüse, wenn man Blattpetersilie verwendet.

Zutaten:

(für 4 Personen)
Man nehme:

1	Hecht ca. 1500g
1/4 l	Wasser
1 l	Weißwein
1	Tasse Essig
1 El	Salz
1/4 l	Sahne
	Pfeffer aus der Mühle
1/2	Zitrone
1	Zwiebel
1	große Karotte
1	Lorbeerblatt
6	Gewürznelken
1	Stange Lauch
1/2	Sellerie
2	Petersilienwurzeln

Unsere Getränkeempfehlung:

Zu Hechtklößchen auf Blattspinat empfehlen wir
einen 1999-er Weißburgunder trocken.
Dieser Qualitätswein mit Prädikat kommt aus
Rheinhessen und dort aus der Gutsabfüllung
Krug'scher Hof.

Ein Rezept von der Schwäbischen Alb

40

Hechtklößchen auf Blattspinat

Zubereitung:

Zwiebel schälen, mit den Hechtabfällen in einen Topf geben. Das Lorbeerblatt, 1/2 TL Salz, 1/2 l Wasser und den Wein zugeben und ca. 40 Min. köcheln lassen. Abseihen und den Fond auffangen. Butter zerlassen. 1/4 l Fond angießen, aufkochen, Mehl zufügen und zu einem Kloß rühren, abkühlen lassen. Eier trennen und Eigelb einzeln unterziehen.

Die gut gekühlten Hechtfilets abbrausen, gut trockentupfen, dann grob würfeln und in einer Küchenmaschine pürieren. Eiweiß steif schlagen, unterheben und mit Pfeffer, Salz und Muskat würzen.

Etwa 30 Minuten kühl stellen. Den Teig und pürierten Fisch mischen, mit einem angefeuchteten Löffel Klößchen abstechen und im restlichen Fond bei schwacher Hitze (ca. 80 Grad) 15 Minuten gar ziehen lassen.

Schalotten schälen, in Öl glasig dünsten und den tropfnassen Spinat dazugeben, ca. 8 Minuten garen. Mit Pfeffer, Salz und Muskat abschmecken.

Beilage:
Reis mit einer schaumigen Weißweinsauce

Zutaten:

(für 4 Personen)

Man nehme:

500g	Hechtfilet
500g	Hechtabfälle (für Fond)
1/4 l	trockener Weißwein
100g	Butter
100g	Mehl
1	Zwiebel
2	Schalotten
1	Lorbeerblatt
	Pfeffer und Salz
3	Eier
2 EL	Öl
	Muskat
1 kg	Blattspinat

Unsere Getränkeempfehlung:

Zum Heringssalat empfehlen wir einen Riesling Kabinett halbtrocken.
Wer ein Bier dazu bevorzugt, sollte ein feinherbes Pils aus der Region wählen.

Ein Rezept von den Ostfriesischen Inseln

Heringssalat

Zubereitung:

Die gewässerten Heringsfilets werden in Würfel geschnitten. Die Kartoffeln und die Rote Bete werden in wenig Wasser weich gedämpft, geschält und klein geschnitten. Die Salzgurken, Äpfel und Zwiebeln in kleine Würfel schneiden und mit den Kapern zusammen in einer Schüssel vermischen. In einer anderen Schüssel verrührt man das Öl mit dem Salz, einer Prise Zucker sowie dem Essig zu einer Marinade und gießt diese über den Salat. Nun den Saft der Roten Bete, Crème fraîche, Mayonnaise und den Senf dazugeben und vermischen. Zum Schluss die Heringsstücke vorsichtig unterheben.
Vor dem Servieren den Salat in den Kühlschrank stellen, ab und zu wenden, damit er gut durchzieht.

Beilage:
Bratkartoffeln oder ein knuspriges Landbrot

Zutaten:

(für 4 Personen)
Man nehme:

8	Heringsfilets
4	große Kartoffeln
400g	Rote Bete
2	große Zwiebeln
4	Äpfel (süßsauer)
4	Salzgurken
100g	Kapern
4 El	Öl (neutrales)
	Salz
	Zucker
2 El	Weinessig
200g	Crème fraîche
2 Tl	Senf
100g	Mayonnaise

Unsere Getränkeempfehlung:

Zum Karpfen in Apfelweinsauce gehört natürlich
das hessische Nationalgetränk Nummer eins,
der „Ebbelwoi".

Ein Rezept aus dem Odenwald - Bergstraße

Karpfen
in Apfelweinsauce

Zubereitung:

Den küchenfertigen Karpfen in 4 Teile schneiden, salzen, pfeffern und mit Zitronensaft beträufeln. Äpfel schälen, entkernen und in dünne Scheiben schneiden. Die Zwiebelringe und Apfelscheiben in eine entsprechend große Pfanne legen. Mit den Lorbeerblättern, Wacholderbeeren, Nelken, Pfefferkörnern und dem Piment gleichmäßig bestreuen. Den Sahnemeerrettich darüber verteilen und die Karpfenstücke darauf legen. Nun wird mit dem Apfelwein und Fischfond die Pfanne gut gefüllt und zugedeckt. Bei mittlerer Hitze den Karpfen ca. 30 Minuten garen lassen.

Beilage:

Petersilienkartoffeln und einen grünen Salat

Tipp:

Die Karpfenstücke vor der Zubereitung noch 1 Stunde im Apfelwein ziehen lassen.

Zutaten:

(für 4 Personen)

Man nehme:

1	Karpfen, ca. 2 kg
	Pfeffer und Salz
	Saft von 2 Zitronen
150g	Zwiebelringe
4	Äpfel (süßsauer)
1 TL	Wacholderbeeren
1 TL	Pfefferkörner
1 TL	Piment
1 TL	Nelken
4	Lorbeerblätter
2 EL	Sahnemeerrettich
1 l	Apfelwein
1/4 l	Fischfond

Unsere Getränkeempfehlung:

Zum Karpfen auf bayerische Art empfehlen wir
einen Müller-Thurgau trocken.
Die Müller-Thurgau-Weine aus Rheinhessen sind
überwiegend leichte Weine und schmecken
daher jung getrunken am besten.

Ein Rezept aus dem Oberpfälzer Wald

Karpfen nach bayerischer Art

Zubereitung:

Den Karpfen waschen und mit einem scharfen Messer der Länge nach halbieren, und zwar so, dass jede Hälfte ein geteiltes Schwanzstück hat - eine Hälfte behält die Rückengräte. Die Karpfenhälften gut mit Zitronensaft und Worchestersauce einreiben, dann pfeffern und salzen.

Anschließend paniert man die Karpfenteile wie folgt: zuerst mit Mehl bestäuben, dann in dem zuvor verquirlten Ei wenden, und in den Semmelbröseln panieren.

Jetzt wird reichlich Butterschmalz in einer tiefen Pfanne erhitzt und die Karpfenhälften von beiden Seiten goldbraun gebraten.

Beilage:

Kochkartoffeln mit Sauce Remoulade und gemischtem Feldsalat

Zutaten:

(für 4 Personen)

Man nehme:

2	Karpfen je 1,5 kg (oder entspr. Portionen)
	Saft von 1 Zitrone
	Worchestersauce
	Pfeffer und Salz

Panade:

80g	Mehl
1	Ei
	Semmelbrösel
50g	Butterschmalz

Unsere Getränkeempfehlung:

Zum Karpfen in Bierpanade schmeckt am besten ein dunkles Bier.
Die älteste Braustätte der Welt ist die Benediktinerabtei Weihenstephan bei Freising, hier wird seit 1040 Bier gebraut.

Ein Rezept aus dem Spessart - Unterfranken

Karpfen in Bierpanade

Zubereitung:

Den Karpfen entschuppen, ausnehmen und unter fließendem Wasser gründlich waschen. Nun wird er mit einem scharfen Messer entlang der Rückengräte der Länge nach halbiert und auf beiden Seiten mit Salz und Pfeffer gut eingerieben. Man gibt das Mehl und das dunkle Bier (ist besonders aromatisch) in 2 Schalen und legt die Karpfenhälften kurz hinein und wendet sie dann im Mehl. In einer entsprechend großen Pfanne erhitzt man nun das Butterschmalz, legt die Karpfenhälften mit der Innenseite nach unten ein und lässt sie bei mittlerer Hitze ungefähr 15 Minuten knusprig ausbacken. Dabei begießt man sie ab und zu mit dem Butterschmalz aus der Pfanne.

Beilage:

Hausgemachter Kartoffelsalat, für den man 1,5 kg Salatkartoffeln (Bamberger Hörnchen), eine klein gehackte Zwiebel, Pfeffer, Salz, Essig und Öl nimmt. Wer es mag, kann über den Salat noch etwa 1 Tasse Gemüsebrühe geben.

Zutaten:
(für 4 Personen)
Man nehme:

1	Karpfen
200g	Butterschmalz
3 EL	Mehl
0,1 l	dunkles Bier
	Pfeffer und Salz

Kartoffelsalat:

1,5 kg	Salatkartoffeln
1	Zwiebel
1	Tasse Gemüsebrühe
	Pfeffer und Salz

Unsere Getränkeempfehlung:

Zum Karpfen blau mit Spargel passt am besten ein halbtrockener Riesling.

Unsere Empfehlung, ein Riesling aus dem Rheingau, ein 1998-er Schloss Johannisberger halbtrocken, die angenehme Säure hat diesen Wein weltberühmt gemacht.

Ein Rezept von der Frankenhöhe - Steigerwald

Karpfen blau
mit Spargel

Zubereitung:

Der küchenfertige Karpfen wird von innen gewaschen und so wenig wie möglich an der Hautseite angefasst, damit die Schleimschicht nicht verletzt und der Fisch schön blau wird. Nun wird er in Essigwasser mit einem Glas Weißwein, den Zwiebelringen, der Zitrone und den Kräutern blau gekocht. Je nach Größe dauert dies 25-40 Minuten.

Dann wird der Karpfen auf eine vorgewärmte Fischplatte gelegt. Seitlich verziert man ihn mit dem gekochten Spargel sowie mit Petersilie.

Beilage:

Petersilienkartoffeln, Spargel mit geklärter Butter und reichlich Petersilie

Tipp:

Als Beilage kann man auch statt Spargel Schwarzwurzeln zubereiten.

Zutaten:

(für 4 Personen)

Man nehme:

1	Karpfen
2	Zwiebeln
	Petersilie
1	Zitrone
0,2 l	Weißwein
1	Tasse Essig
1 kg	frischer Spargel
1/2 TL	Rosmarin
1/2 TL	Basilikum
1/2 TL	Koriander
	etwas Estragon

Unsere Getränkeempfehlung:

Zum Karpfen mit Meerrettichsauce empfehlen wir einen trockenen Müller-Thurgau.
Die am meisten angebaute Rebsorte in Deutschland ist die Müller-Thurgau-Rebe. Sie ist eine Rebsorte, die früh reift und gute Erträge bringt. Der Wein hat eine milde Säure mit einem typischen Muskatton in Bukett und Aroma.

Ein Rezept aus dem Elbsandsteingebirge

Karpfen
mit Meerrettichsauce

Zubereitung:

Nachdem man die Fischstücke gewaschen, gesalzen und gepfeffert hat, werden sie in einem Steinguttopf für eine Stunde kühl gestellt. Anschließend gibt man die Karpfenstücke in einen Kochtopf, übergießt sie mit kaltem Wasser, bis sie vollständig bedeckt sind und bringt das Wasser zum Kochen. In der Zwischenzeit schält man die Zwiebeln und schneidet sie in dünne Ringe. Die Petersilienwurzeln und die Mohrrüben werden geputzt und in kleine Streifen geschnitten. Wenn das Wasser mit den Karpfenstücken zu kochen beginnt, schöpft man den Schaum ab, gibt das Gemüse mit den Lorbeerblättern dazu und lässt bei schwacher Hitze alles ca. 15 Minuten gar ziehen. Zum Schluss werden die Karpfenstücke mit dem fein geschnittenen Dill und der Petersilie bestreut.

Meerrettichsauce:

Das Eigelb mit dem Öl und der Prise Zucker schaumig rühren, den Meerrettich unter die Masse heben. Mit Essig und Salz zum Schluss noch abschmecken.

Beilage:

Salzkartoffeln und Butter

Zutaten:

(für 4 Personen)

Man nehme:

1,5 kg	Karpfen (in 4 Teile)
2	Zwiebeln
2	Petersilienwurzeln
2	Mohrrüben
2	Lorbeerblätter
je 1	Bund Petersilie, Dill
	Pfeffer und Salz

Meerrettichsauce:

6	Eigelb
350g	gerieb. Meerrettich
2 El	Pflanzenöl
1	Prise Zucker
	Essig und Salz

Unsere Getränkeempfehlung:

Zum Karpfen blau ein Riesling Kabinett halbtrocken.
Wir empfehlen einen 1997-er Erbacher Steinmorgen aus dem Rheingau. Ein sehr guter Tropfen, der zum Fisch ideal passt.

Ein Rezept aus dem Thüringer Wald

Karpfen Thüringer Art

Zubereitung:

Der küchenfertige Karpfen wird von innen gewaschen und so wenig wie möglich an der Hautseite angefasst, damit die Schleimschicht nicht verletzt und der Fisch schön blau wird. In den Topf mit dem kochenden Wasser gibt man 1 Tasse Essig, Pfeffer, 2-3 Wacholderbeeren, 1 kleine Zwiebel, Dill, Estragon, 1 Lorbeerblatt und etwas geriebene Orangen- und Zitronenschale. Den Karpfen nun in dem Sud je nach Größe ca. 25-35 Minuten gar ziehen lassen. Nachdem man den Karpfen aus dem Topf genommen hat, wird er mit Butter bestrichen.

Sauce:

Die gewaschenen und durch ein Sieb passierten Weintrauben mit den geschälten und geraspelten Äpfeln vermischen. Zuletzt den Meerrettich zugeben und mit Salz und Zucker abschmecken.

Beilage:

Salzkartoffeln und einen frischen Salat mit Joghurtdressing

Zutaten:

(für 4 Personen)

Man nehme:

1	Karpfen ca. 1 kg
1	Tasse Essig
2-3	Wacholderbeeren
1	Lorbeerblatt
1	kleine Zwiebel
	Dill
	Estragon
	Pfeffer

Sauce:

1/4 kg	Weintrauben
2	Äpfel
4 El	geriebener Meerrettich
1 El	Butter
	Salz
	Zucker

Unsere Getränkeempfehlung:

Zur Kutterscholle mit Speck und Krabben empfehlen wir einen trockenen Riesling.
Die Rieslingtraube zählt zu den wertvollsten
Weißweintrauben der Erde. Sie hat kleine
unscheinbare Beeren und eine extrem späte
Reife. Diese Weine haben dem deutschen Wein
zu seinem Weltruf verholfen.

Ein Rezept aus Nordfriesland - Dithmarschen

Kutterscholle
mit Speck und Krabben

Zubereitung:

Die frischen Schollen werden unter fließendem Wasser gesäubert und zum besseren Durchbraten entlang der Rückengräte aufgeschnitten. Dann werden sie mit dem Saft der Zitrone beträufelt, mit Salz leicht eingerieben und von beiden Seiten mit Mehl bestäubt. Bei mittlerer Hitze brät man die Schollen auf jeder Seite etwa 5 Minuten in der Butter, bis sie goldbraun sind. Die fertigen Schollen stellt man warm. Der durchwachsene Speck wird in kleine Würfel geschnitten und in der Butter, die in der Pfanne verblieben ist, ausgebraten. Zum Schluss gibt man die Krabben dazu und lässt diese heiß werden. Auf den vorgewärmten Tellern werden die Schollen angerichtet, die Speckwürfel und Krabben darüber verteilt und mit der fein gehackten Petersilie bestreut.

Beilage:
Salzkartoffeln in Buttersauce mit einem Salat der Saison

Tipp:
Beim Wenden der Schollen in der Pfanne aufpassen und besser mit 2 flachen Bratwendern arbeiten. Sie fallen schnell auseinander.

Zutaten:

(für 4 Personen)

Man nehme:

4	Schollen à ca. 400g
1	Zitrone
	Salz
1 El	Mehl
1 El	Butter
200g	durchwachsenen Speck
200g	geschälte Krabben
1/2	Bund Petersilie

Unsere Getränkeempfehlung:

Zu diesem köstlichen Fischgericht empfehlen wir einen 1998-er Rüdesheimer Magdalenenkreuz Riesling Kabinett trocken aus dem Rheingau.

Für alle Rieslingweine liegt die empfohlene Trinktemperatur bei 8-10° Celsius.

Ein Rezept aus Oberbayern

![Fischgericht mit Reis, Petersilie und Zitrone]

Renken Ammersee

Zubereitung:

Sauce Hollandaise:

Essig zum Kochen bringen, Pfefferkörner, Schalotte, Lorbeerblatt und Petersilie hineingeben. Hitze drosseln und alles leicht verkochen. Flüssigkeit durch ein Passiersieb oder Kaffeefilter sieben, dann abkühlen lassen. In einer kleineren Schüssel das Eigelb verrühren und diese in einen größeren Topf stellen. Für das Wasserbad muss das Wasser kurz vor dem Siedepunkt gehalten werden. Mit einem Schneebesen die gesiebte Flüssigkeit langsam unter die Eier rühren - nicht schlagen. Erst wenn die Sauce bindet, darf mit dem Schneebesen gearbeitet werden. Jetzt werden 2 EL Butter untergeschlagen. Dann die Schüssel aus dem Wasserbad nehmen und die restliche Butter zufügen, bis die Sauce Glanz und eine gleichmäßige Farbe hat. Jetzt noch mit Pfeffer, Salz und Zitronensaft abschmecken.

Die Renkenfilets waschen, trockentupfen, mit Pfeffer und Salz leicht würzen, erst im Ei und dann in Semmelbrösel wenden. Auf beiden Seiten je 5 Minuten in Butter goldbraun braten.

Beilage: Reis

Zutaten:
(für 4 Personen)
Man nehme:

4	Renkenfilets
1	Ei
	Semmelbrösel
	Pfeffer und Salz

Sauce Hollandaise:

3 El	Weinessig
4	Pfefferkörner
2 El	Schalotte, gehackt
1	kleines Lorbeerblatt
2 El	gehackte Petersilie
3-4	Eigelb
200g	flüssige Butter
1/2	Zitrone
	weißer Pfeffer

Unsere Getränkeempfehlung:

Zum Wallerfilet im Rieslingsud empfehlen wir einen Wachenheimer Mandelgarten Riesling Kabinett halbtrocken. Das größte deutsche Weinanbaugebiet (21.200 ha) ist die Rheinpfalz. Im südlichen Teil der Rheinpfalz wachsen fruchtige Rieslinge.

Ein Rezept aus dem Hunsrück - Eifel

Wallerfilet
im Rieslingsud

Zubereitung:

Die Schalotte, den Lauch, die Karotte und den Sellerie in feine Streifen schneiden.

In einer Pfanne erhitzt man die Butter und dünstet die Schalotten glasig. Mit dem Weißwein und Fischfond ablöschen. Man schneidet die Wallerfilets in gleich große Stücke und lässt diese in dem Weißwein-Fischfond-Sud ca. 5-6 Minuten garen.

Die Wallerfilets herausnehmen und warm stellen. Den Sud auf ein Drittel der Menge einkochen, die Gemüsestreifen, die Sahne sowie die Crème fraîche dazugeben. Das Ganze soll nun 2-3 Minuten köcheln. Die Sauce wird durch ein Sieb gegossen und wieder auf den Herd gestellt. Die Gemüsestreifen im Sieb stellt man beiseite. Man rührt etwas Butter in die Sauce und schmeckt diese mit Salz, Pfeffer, Knoblauch und etwas Zitronensaft ab. Über die Wallerfilets wird nun die Sauce gegossen und mit fein gehackter Petersilie und den Schnittlauchröllchen garniert.

Beilage:
Salzkartoffeln oder Bandnudeln

Zutaten:
(für 4 Personen)
Man nehme:

800g	Wallerfilets
1	Schalotte
1	Stange Lauch
1	Karotte
100g	Sellerie
1/4 l	Fischfond
1/8 l	Riesling
	Pfeffer und Salz
1/2	Knoblauchzehe
0,1 l	süße Sahne
100g	Crème fraîche
	Saft einer 1/2 Zitrone
	Petersilie
	Schnittlauch

Unsere Getränkeempfehlung:

Zum Zander in Weinsahne empfehlen wir einen trockenen 1998-er Riesling.

Aus der Weinlage Mittelrhein, die sich auf beiden Seiten des Rheins erstreckt, baut man auf steilen Schieferhängen hauptsächlich die Rebsorte Riesling an, dessen vornehmer Charakter sehr gut zu diesem Gericht passt.

Ein Rezept aus dem Sauerland

Zander in Weinsahne

Zubereitung:

Der gewaschene Zander wird trockengetupft, mit Salz eingerieben und mit Mehl bestäubt. In einer großen Pfanne, die auch für den Backofen geeignet ist, erhitzt man die Butter. Der Zander wird darin von beiden Seiten angebraten. Nun setzt man den Fisch auf die Bauchseite und schiebt die Pfanne in den auf 200 Grad vorgeheizten Backofen (Gasherd Stufe 3). Dort lässt man den Zander noch etwa 10 Minuten garen. Anschließend stellt man die Pfanne auf den Herd zurück, gibt dann die klein geschnittene Zwiebel dazu und schwitzt sie an. Jetzt beträufelt man den Zander mit dem Zitronensaft, gibt den Wein und die Sahne dazu und bestreut ihn mit der klein gehackten Petersilie. Der Fisch kommt nun noch einmal in den Backofen und wird in kurzen Abständen mit der Sauce übergossen. In etwa 15 Minuten ist der Fisch fertig.

Beilage:
Petersilienkartoffeln und Kopfsalat

Zutaten:

(für 4 Personen)

Man nehme:

1	Zander mit ca. 2 kg
150g	Butter
4	kleine Zwiebeln
0,25 l	trockener Weißwein
0,5 l	süße Sahne
1	Bund Petersilie
	Mehl
	Saft einer Zitrone
	Salz